MADELEINE MÉZIÈRE

ENFANT DU PETIT CATÉCHISME

DE

SAINT-SULPICE

(1876-1885)

MADELEINE MÉZIÈRE

ENFANT DU PETIT CATÉCHISME

DE

SAINT-SULPICE

(1876-1885)

PARIS

LIBRAIRIE VICTOR LECOFFRE

90, RUE BONAPARTE, 90

—

1886

MADELEINE MÉZIÈRE

ENFANT DU PETIT CATÉCHISME

DE

SAINT-SULPICE

(1876-1885)

Née à Paris le 22 mai 1876, Marie-Madeleine *Mézière* entra, dès l'âge de *cinq* ans, au *Petit Catéchisme des Filles*, de la paroisse Saint-Sulpice, et le suivit avec une assiduité parfaite.

De nos jours comme autrefois on n'y admet d'ordinaire que les enfants de *sept* à *dix* ans; mais on fait des exceptions en faveur de celles, plus jeunes encore, dont les dispositions font espérer un vrai profit dans l'assistance à ces réunions. Madeleine fut de ce nombre.

Le 9 juin 1885, à l'âge de *neuf* ans, elle quittait cette terre; une existence si courte lui avait suffi pour gagner le ciel!

Le *spectacle de ses angéliques vertus* sera le

plus bel éloge des exercices qui remplissent les séances dans ces réunions si aimées, et de la très heureuse influence qu'ils ont sur les enfants, dès un si jeune âge.

Il sera on ne peut plus utile aux toutes petites *filles*, en leur mettant sous les yeux un *modèle de conduite* approprié à leurs besoins religieux.

Il sera aussi le meilleur encouragement, pour les *parents* chrétiens, à ne pas priver d'un tel secours leurs chers enfant : dussent-ils, pour leur assurer un si précieux avantage, renoncer quelquefois à une promenade, faire le sacrifice d'une visite, s'imposer telle ou telle gêne momentanée. L'éducation véritable n'est-elle pas, de leur part, le sujet d'un continuel dévouement (1) ?

1. Le *Petit Catéchisme* se fait dans la grande chapelle située sous celle de la Sainte Vierge, et dont l'entrée se trouve *rue Garancière*.

Les séances étant consacrées le *matin* aux *Garçons* (de *neuf* heures à *onze*, la Sainte Messe comprise), celles de *l'après-midi* sont pour les *Filles*, de *deux* heures à *trois heures et demie ;* on y chante les Vêpres.

CHAPITRE 1er

*Mon Jésus, personne ne vous aime plus
que votre petite Madeleine.*

C'est un usage au *Petit Catéchisme* d'écrire
chaque année, vers l'époque de Noël, des *lettres
à l'Enfant Jésus.* Elles sont toutes pleines des
plus belles promesses, toujours très sincères,
mais trop souvent et trop tôt oubliées par plusieurs enfants.

Voici la première lettre de Madeleine, qui avait
alors *cinq* ans et demi :

« *Mon cher petit Jésus, je vous donne mon*
« *cœur tout entier, parce que je vous aime le*
« *plus. Aussi, je veux être toujours, bien, bien*
« *sage, pour vous faire voir que c'est très vrai*
« *que personne ne vous aime plus que votre*
« *petite Madeleine....* »

Madeleine vient de tracer la ligne de conduite dont elle ne se doit plus départir. Sa *piété*, son *amour pour Jésus* sera toujours le côté dominant de son caractère et le mobile de toutes ses actions.

Trois ans plus tard, le Dimanche des Rameaux de l'année 1885, elle porte sur son visage les marques d'une profonde tristesse. Sa mère s'en aperçoit le soir pendant le dîner. « Qu'as-tu donc, « ma chérie, lui demande-t-elle ? ... Tu sembles « depuis quelques heures vouloir dissimuler un « bien grand chagrin ? » — Alors de grosses larmes coulent sur les joues de l'aimable enfant :

« *Je pense,* dit-elle, *au sermon sur la Passion* « *prêché dans notre Petit Catéchisme... Mon bon* « *Jésus ! ... Il a tant souffert !... »*

Faut il donc s'étonner que Madeleine n'ait d'autres préoccupations que de *plaire à Jésus* et qu'elle n'attache aucune importance aux questions de *jouets* ou de *vêtements,* si fort à cœur aux enfants de son âge ? Si l'on veut lui faire choisir quelque objet se rapportant à sa toilette, elle ne manque pas de répondre :

« *Faites ce que vous voudrez, cela m'est tout*
« *à fait indifférent.* »

Le Mercredi des Cendres de l'année 1883, sa
mère la voit assise devant le feu éteint. Le
menton dans les deux mains, elle ne bouge pas,
elle ne parle pas, elle fixe le foyer :

« Mais, Madeleine, à quoi donc penses-tu ? »
lui dit sa mère.

« — Je pense, mère, répond-elle, que toutes
« les petites coquettes devraient bien réfléchir
« devant *un tas de cendres ; je crois que si elles*
« *pensaient qu'elles deviendront comme cela, elles*
« *perdraient leur coquetterie...* »

Mais quel est donc son plus grand bonheur ?
C'est d'assister aux *offices* de l'Église. Un soir, elle
accompagne sa mère au salut du Saint Sacrement.

« *Nous arriverons trop tard,* dit-elle, *nous*
« *n'entendrons pas le sermon, c'est bien fâcheux,*
« *n'est-ce pas, mère ?*

« — Tu n'y perdras pas beaucoup, répond celle-
« ci, puisque souvent tu ne le comprends pas.

« — *O mère,* reprend aussitôt Madeleine, *c'est*
« *vrai, mais j'aime l'entendre tout de même*

1.

« *puisque c'est mon bonheur d'être à toutes les*
« *choses du bon Dieu.* »

L'un de ses frères est ordonné prêtre au mois
de décembre 1883. Madeleine, bien qu'elle n'ait
que *sept* ans, montre, sàns le savoir, sa haute
idée du sacerdoce. Quelques jours en effet
avant l'ordination, dans un magasin, sa mère
lui achète des gants :

« Vous devez sans doute, mademoiselle, dit
« l'employé, aller à un mariage ?

« *— Oh ! monsieur*, lui répond-elle, *vous n'avez*
« *pas deviné. C'est bien plus beau qu'un mariage,*
« *la cérémonie à laquelle je vais assister, puisque*
« *c'est l'Ordination de mon frère et sa première*
« *Messe !* »

L'employé paraît fort surpris et un peu embar-
rassé, mais notre Madeleine ne l'est en aucune
manière...

Elle apprécie toutes les grâces du bon Dieu à
la façon des Saints. Elle vient de faire sa dernière
confession pendant sa douloureuse maladie. Dès
qu'elle voit sa mère, elle lui fait signe d'appro-
cher.

« *O mère,* lui dit-elle en lui passant ses petits
« bras autour du cou, *que je suis heureuse en*
« *ce moment! Mon bon Père m'a donné l'abso-*
« *lution pour la première fois de ma vie, et il*
« *m'a dit que j'étais comme une blanche petite*
« *colombe. S'il savait comme il m'a rendue*
« *heureuse!...* »

Quelques heures plus tard on lui administre
l'*Extrême-Onction.* Elle présente elle-même ses
petites mains et ses petits pieds pour que le
prêtre les marque de l'huile sainte. Elle regarde
le ciel avec un angélique sourire ; et, à la fin de
cette touchante cérémonie, elle embrasse sa mère
en disant :

« *Comme tout ce qui vient du bon Dieu fait*
« *du bien, mère chérie! Je sens que je suis pres-*
« *que guérie par ces petites croix faites sur*
« *moi.* »

Telle est la *manière* dont la pieuse enfant
comprend les *choses de Dieu;* c'est ainsi qu'elle
prouve à son Jésus « *qu'il est très vrai que per-*
« *sonne ne l'aime plus que sa petite Madeleine.* »

CHAPITRE II

J'ai tant de chagrin d'avoir commis ces fautes !...

Madeleine n'ignore pas que le *premier moyen de prouver à Jésus son amour, c'est d'éviter avec le plus grand soin de lui déplaire.* Aussi est-ce du plus profond de son cœur qu'elle regrette les petites fautes que lui reproche sa conscience si délicate.

Elle vient de réciter à sa mère la leçon du Catéchisme sur les *fins dernières* de l'homme :

« *Je n'irai bien sûr pas en enfer, n'est-ce pas,*
« *mère?* dit-elle. — Non, mon enfant, répond sa
« mère, tu aimes tant le bon Dieu et la sainte
« Vierge!

« — *Mais,* reprend-elle, *crois-tu que j'irai en*
« *purgatoire?*

« — J'espère que non, ma chérie.

« — *Oh! mère, puisque je fais le moins de péchés*
« *que je peux, et que ceux que je fais, je les*
« *dis toujours à mon confesseur, j'ai tant de*
« *chagrin de les avoir commis! je crois bien*
« *que j'irai tout droit au ciel, n'est-ce pas?*

Aussitôt, elle se retire dans sa chambre et va s'agenouiller devant son petit autel de la très sainte Vierge. Elle sait, en effet, que si Marie est le refuge des pécheurs, elle est aussi la mère de toute sainteté. C'est cette même pensée qui inspire à l'aimable enfant, quelques jours avant la fête de l'Immaculée Conception, cette touchante prière :

« *O Marie, ma sainte Mère du ciel, pour votre*
« *si belle fête, je veux vous donner mon petit cœur*
« *sans péché, et pour cela je vais bien me confesser*
« *cette semaine et tâcher de ne plus faire un seul*
« *péché.* »

Ce ne sont pas là de ces paroles dites sans réflexion, qui n'ont ensuite sur la conduite de la vie aucune influence. Elles sont l'expression d'une volonté inébranlable *d'éviter, à tout prix, même les moindres fautes.* On verra sans cesse Madeleine se tenir en garde, avec une religieuse et douce attention, contre les actions ou les pensées capables de ternir quelque peu la beauté de son âme.

Pendant sa maladie, quelqu'un dit un jour près de son lit : « Que cette Madeleine a de jolis «yeux! » Aussitôt elle les ferme et ne peut dissimuler, par un petit mouvement d'épaules, combien cette réflexion lui est désagréable.

Elle oppose une résistance invincible à tous les défauts de son âge ; mais l'un des côtés dominants de son caractère est sans contredit la *franchise* et la *droiture.* Ses parents, qu'elle n'a jamais quittés, ne se souviennent pas d'un seul *mensonge.* Elle a une telle horreur de ce péché, qu'elle lui préfère toutes les punitions et toutes les humiliations. Quelque faute lui est-elle échappée, ce sont d'interminables explications, non pas certes pour s'excuser, comme font souvent tant d'autres enfants, mais, au contraire, pour ne laisser aucun doute sur sa culpabilité.

Un jour, au Petit Catéchisme, elle trouve à sa

place *un bon point*, pendant la séance (1). A la fin, elle vient dire à sa mère:

« Je vais rendre ce bon point à monsieur le « Chef. Je ne sais pas s'il est tombé de mon livre « où j'en avais plusieurs, mais j'aime mieux le « perdre que de le garder, s'il n'était pas à moi.»

Enfin, un dernier trait nous montrera bien l'aimable *délicatesse de sa conscience.* Au mois de mai de cette année, quelques jours avant sa maladie, Madeleine va se confesser à Saint-Sulpice. Elle est accompagnée de sa mère.

Au milieu des jardins du Luxembourg:

« Mère, dit-elle, *arrêtons-nous un instant; « j'ai un conseil à te demander...* » Toutes deux s'assoient sur un banc. La chère enfant commence par embrasser sa mère, comme elle faisait toujours en pareille circonstance : *« Mère « chérie, est-ce un péché de ne pas aimer une « petite compagne ? »*

1. C'est l'usage, dans les Catéchismes de Saint-Sulpice, de donner aux enfants qui ont bien répondu, ou bien récité, ou qui se sont distingués par leur sagesse pendant la séance, un bon point. Plusieurs de ces bons points donnent droit à une image.

« — Oui, mon enfant, lui répond sa mère, il
« faut aimer tout le monde... — *Mère*, reprend
« Madeleine les larmes aux yeux, *j'ai peur, en*
« *m'accusant de cette faute, que mon Père me*
« *demande pourquoi je n'aime pas cette petite*
« *fille. Je ne voudrais pas lui dire qu'elle a un*
« *défaut que je déteste... Si tu crois, mère, que*
« *je puisse ne pas le dire, je vais, à partir d'au-*
« *jourd'hui, m'efforcer d'aimer cette petite fille,*
« *mais je détesterai toujours son défaut...* »

Ce fait montre à la fois le soin minutieux qu'apporte Madeleine à la *préparation de ses confessions*, sa haine du péché et sa crainte de faire connaître les défauts du prochain. Grand est son embarras : pour rien au monde, elle ne voudrait cacher une faute à son confesseur ; cependant il lui répugne d'accuser une compagne. Sa confiance envers sa mère est le moyen dont elle se sert pour éclaircir ses doutes et aplanir ses difficultés.

CHAPITRE III

Ma plus belle pensée est pour ma petite mère chérie.

L'unique préoccupation de Madeleine, après celle *d'aimer Jésus*, est de *faire plaisir aux personnes de sa famille.* Elle fait tous ses efforts pour éviter qu'un reproche ou une simple observation ne s'adresse à ses *frères* ou à sa *sœur;* et, quand elle ne peut l'empêcher, il lui est souvent impossible de retenir ses larmes.

On rencontre souvent des enfants animés d'une certaine piété et doués de qualités réelles qui les font aimer de tout le monde, mais dont les nombreux défauts se manifestent dans les rapports qu'ils ont avec leurs *parents*, leurs *frères* et leurs *sœurs*. Il n'en est pas ainsi de Madeleine. Elle est d'une nature si aimante et sa conduite est remplie d'attentions si délicates, que ses parents avouent qu'elle ne leur a jamais causé le moindre instant de peine. A chaque moment de sa vie, on voit poindre en elle le désir constant de faire le bonheur des personnes qui l'entourent. Nous ne pouvons donc que faire un choix dans les traits, comme innombrables, dont ceux qui l'ont connue ont conservé le souvenir.

Madeleine entre dans sa *neuvième* année quinze jours avant son départ pour le ciel. Pour fêter son anniversaire, on lui donne un pot de fleurs; c'étaient des *pensées blanches*. Le soir même, en se mettant à table, *sa mère* trouve dans sa serviette l'une de ces jolies fleurs avec un petit billet écrit au crayon :

« *Ma plus belle pensée est pour ma petite mère chérie.* »

L'heureuse mère embrasse son enfant qui lui dit :

« *C'est bien vrai, mère, c'est l'image de la*
« *pensée de mon cœur pour toi, elle est toute*
« *grande et toute blanche comme celle-là!* »

Un autre jour, sa mère, étant sortie avec elle,

lui achète un petit *rosier*, qu'elle désirait beaucoup. Tout heureuse, elle ne cesse d'en admi-
rer les boutons et les petites roses. A peine de
retour à la maison, *sa sœur* lui dit : « Que tu as
« donc un joli rosier ! » Aussitôt Madeleine de le
poser entre ses mains en disant : « *Je te le*
« *donne, ton bonheur est mon plus grand bon-*
« *heur...* »

« Ton bonheur est mon plus grand bonheur... »
Tel est bien le résumé des rapports de Madeleine
avec tout le monde. Aussi, dès qu'elle voit sur
le visage de quelqu'un de la maison une marque
de tristesse, elle ne manque pas de l'embrasser
avec cette parole : « *Dis-moi quel est ton cha-*
« *grin, je te consolerai.* »

Il n'est pas de peine qui l'arrête quand elle
trouve l'occasion de rendre un petit service. Un
soir, elle entend *sa mère* parler d'une commis-
sion qu'il faudra faire le lendemain de grand
matin dans la maison. Madeleine paraît ne pas
faire attention. La nuit se passe; mais dès le
petit jour, la porte de la chambre s'ouvre doucement ; c'est Madeleine qui vient, sans faire de

bruit, se placer devant le lit de sa mère... Celle-ci de lui dire :

« Comment, mon enfant, tu es déjà levée...?

« — *Petite mère*, répond Madeleine, *je vou-*
« *lais attendre ton réveil pour te dire que tu*
« *pouvais dormir encore parce que ta commis-*
« *sion est faite...* »

La chère enfant a dû faire tous ses efforts pour interrompre son sommeil à cette heure matinale. Mais, pour elle, la chose était facile, il lui suffisait de penser qu'elle pouvait être agréable à sa mère.

On peut aisément penser quelles précautions elle doit apporter pour éviter de causer la moin-dre peine à qui que ce soit. Que de fois sa mère, s'approchant de son lit, une ou deux heures après son coucher, la trouvait éveillée!...

« Comment, Madeleine, tu ne dors pas
« encore...? »

« — *Mère*, répondait-elle, *je ne puis m'endor-*
« *mir ce soir, il me semble que tu ne m'as pas*
« *embrassée comme à l'ordinaire. J'ai beau*
« *chercher la peine que j'ai pu te faire aujour-*
« *d'hui, je ne trouve pas...* »

Un dernier trait nous fera bien connaître la tendresse et en même temps la piété du cœur de Madeleine. L'un de ses *frères* vient de tirer au sort : il a un mauvais numéro. Toute la journée, elle ne cesse de pleurer : mais, le soir à dîner, elle dit avec son bon sourire au milieu de ses larmes :

« *J'ai un bon moyen pour que mon Jean ne* « *parte pas soldat : je commencerai une neu-* « *vaine, juste neuf jours avant le conseil de* « *revision, et vous verrez que la sainte Vierge* « *me laissera mon Jean.* » (Elle l'appelait toujours ainsi.)

Elle fait sa neuvaine avec tant de ferveur, qu'elle veut y associer toute la maison. Chaque soir, il faut que l'on se réunisse dans sa petite chambre. Le jour décisif arrivé, elle guette avec une anxiété mêlée de confiance le retour de son frère... Enfin le voici : contre toute attente. il est exempté... Madeleine lui saute au cou, et riant et pleurant de joie tout à la fois : « *Je te le disais bien, s'écrie-t-elle, mon Jean,* « *que mon moyen était bon !...* »

CHAPITRE IV

Le pauvre aveugle ne me voit pas, mais le bon Dieu me voit...

L'un des caractères distinctifs de toutes les âmes qui aiment Jésus, c'est leur *charité pour les malheureux*. Elles savent que *la meilleure preuve de dévouement que l'on puisse donner à Dieu*, c'est d'entourer de soins assidus ceux dont il a voulu faire ses amis de prédilection : les *pauvres*.

Ce signe de prédestination, nous le trouverons d'une manière éclatante dans Madeleine, mais avec cette *fraîcheur* et cette *douce naïveté* qui sont la note dominante de toutes ses vertus...

Elle n'a que *six* ans, elle vient de faire avec sa mère une longue course à pied... Elle éprouve une très grande lassitude... Elle n'accepte pas néanmoins la proposition qui lui est faite de

prendre l'*omnibus :* « *Oh non, mère,* dit-elle
« avec élan, *j'aime mieux me fatiguer un peu*
« *plus, et que nous donnions à un pauvre sur*
« *notre chemin les sous que nous aurions dé-*
« *pensés pour prendre l'omnibus. Puisque je*
« *n'ai pas d'argent à moi, ce sera un bon moyen*
« *de faire plaisir tout de même au bon Jésus.* »

On le voit, malgré son jeune âge, Madeleine
comprend que l'aumône véritablement agréable
à Dieu est celle qui coûte un *sacrifice...*

Beaucoup d'enfants font consister toute leur
charité dans la demande qu'ils font à leurs parents de quelques *pièces de monnaie* à la vue
d'un pauvre qu'ils rencontrent. Madeleine a souvent elle-même recours à ce procédé. Elle plaide
la cause des malheureux avec une charmante
éloquence : elle ressent elle-même leurs souffrances ; les expressions se succèdent sur ses
lèvres pour les décrire. Elle rappelle les *avis* sur
la chari chré tienne qu'elle a entendus au Catéchisme. Enfin, si le grand nombre de pauvres
oblige la personne avec laquelle elle se trouve
de refuser, ses yeux se remplissent de larmes.

Mais si elle sollicite des autres quelque petit secours pour les malheureux, elle aime surtout à donner *quelque chose d'elle-même*. Témoin les traits suivants.

Madeleine a pour les *petits orphelins* une particulière affection. Souvent, accompagnée de sa mère, elle va les visiter. Elle ne manque pas, avant de partir, de faire parmi ses joujoux la recherche de ceux qu'elle leur destine. Souvent même il faut modérer son excessive générosité.

Par un des plus grands froids de l'hiver, elle rencontre un pauvre petit enfant si transi, que ses mains en sont toutes violettes... Madeleine n'écoute que son cœur : elle retire ses gants et dit avec instance à sa mère : « *Veux-tu me per-* « *mettre de les lui donner ?...* »

Une autre fois, Madeleine désire vivement une paire de petits candélabres pour orner son autel de la Très Sainte Vierge pendant le *mois de Marie*. Elle se rend avec sa mère chez un marchand. Elle jette naturellement les yeux sur les plus beaux. Ils coûtent notablement plus cher que les autres, mais ils sont si jolis !... et puis ils sont de cuivre, au lieu d'être d'étain!... On les achète donc, et notre Madeleine s'en va toute joyeuse, faisant déjà ses petits projets sur la place qu'elle leur donnera dans sa chapelle.

Mais voici un pauvre qui se présente et demande l'aumône... Madeleine regarde sa mère ; mais celle-ci n'a plus de monnaie sur elle...

« *Mère*, dit alors la douce enfant, *si j'avais* « *choisi les moins beaux candélabres, aurais-tu* « *donné à ce malheureux?...* »

Sur la réponse affirmative, elle ajoute :

« *Alors, il faut aller les changer.* »

Sa mère lui représente qu'il est difficile d'aller chez un marchand redemander son argent... Madeleine ne se trouble pas : « *Si tu me le per-* « *mets*, dit-elle, *j'irai moi-même...* » Elle va et fait si bien, qu'elle ne tarde pas à revenir tenant entre ses mains les petits candélabres d'étain avec l'argent rendu. Et, autorisée par sa mère, elle court, pleine de joie, déposer toute la petite somme dans la bourse du pauvre...

Mais quel est le *motif* qui dirige Madeleine

dans ses actes de charité ? Nous allons le voir.

Il y a, rue Saint-Placide, un aveugle que la pieuse enfant affectionne beaucoup ; impossible de passer devant lui sans lui faire l'aumône... Un jour cependant la mère de Madeleine se voit obligée de refuser d'accéder à sa demande... Madeleine insiste... Et sa mère lui dit sans réfléchir : « Que veux-tu, je n'ai pas de monnaie, ce « sera pour une autre fois ; d'ailleurs, ce pauvre « aveugle ne te voit pas !... » — « *Oui, mère,* « répond-elle doucement, *mais le bon Dieu me* « *voit !...* »

Voilà la *pensée* qui inspire la charité de Madeleine... Bien rarement parole plus pleine de sens est sortie d'une bouche de *huit* ans...

CHAPITRE V

J'ai promis à mon Jésus et à la Sainte Vierge d'avoir du courage.

Quelque aimable que soit la piété des enfants,
si elle n'a pas à sa base *la générosité, un certain
renoncement* proportionné à leur âge, elle ne
peut donner de bien grandes espérances. Et
cependant, telle est la dévotion de la plupart
d'entre eux : ils auront un certain goût pour les
choses de Dieu, ils aimeront les petites chapel-
les, les images pieuses, les histoires qui leur
mettent sous les yeux leur cher petit Jésus , ils
laisseront volontiers un jouet dont ils sont las-
sés... Mais, s'il faut accepter quelque *privation,*
endurer patiemment quelque *souffrance,* leur
petit cœur n'y peut tenir : l'épreuve est au-
dessus de leurs forces.

Madeleine, au contraire, prend sans hésiter la résolution généreuse « *de faire beaucoup de* « *petits sacrifices* ». Elle sait la portée de cette promesse, elle y sera fidèle.

C'est une coutume, à notre *Petit Catéchisme* des filles, de conseiller aux enfants d'écrire sur de petits billets, qui sont ensuite déposés sur l'autel, *les petits sacrifices* qu'elles s'imposent à elles-mêmes pendant le *carême*. Elles ne doivent pas signer : Dieu seul doit être le témoin de leur générosité. Cependant l'écriture de Madeleine trahit quelquefois sa modestie, et ses catéchistes ont souvent à remercier Dieu de la fidélité avec laquelle sa petite servante répond à ses inspirations.

« *Un soir*, lisent-ils, *j'avais bien soif avant* « *de me coucher, et je n'ai pas demandé à* « *boire...* »

Une autre fois, c'est un sacrifice qui montre aussi bien sa générosité que la délicatesse de son âme.

« *J'avais, à la campagne, cueilli une fleur* « *pour ma petite mère : je l'ai donnée à mon*

« *frère pour qu'il ait lui-même le plaisir de la*
« *lui offrir.* »

Pendant le carême de sa première année du
Petit Catéchisme, Madeleine, âgée de *cinq* ans,
ne veut prendre pour son goûter que du pain
sec. Un jour, elle se trouve chez de petites
amies ; on lui offre avec son pain un morceau de
chocolat. Elle l'accepte, mais le cache aussitôt
dans sa poche ; et, dès qu'elle est sortie, elle le
donne au premier pauvre qu'elle rencontre.

De semblables actes, souvent répétés, donnent
bientôt à l'âme une *fermeté* merveilleuse. Tel
est le résultat, tels sont les fruits qu'ils produi-
sent en Madeleine, fruits d'autant plus abondants
que sa générosité est vraiment *chrétienne*.
qu'elle repose sur une sincère défiance de soi-
même et sur une entière confiance en Dieu.
Bien loin de tirer vanité de ses bonnes actions
et d'en perdre ainsi le mérite, elle reconnaît sa
propre faiblesse ; mais elle attend du ciel toute
sa force, avec une touchante persuasion qu'elle
l'obtiendra. Les traits suivants vont nous le
prouver avec une charmante naïveté.

Madeleine a deux dents bien mauvaises, qu'il faut absolument faire arracher. Elle éprouve, à la pensée de cette opération, l'une de ces appréhensions bien connues des grandes personnes elles-mêmes... Il faut cependant s'y résigner. La pauvre petite part, accompagnée de sa mère et de sa sœur aînée, qui doit aussi réclamer les soins du dentiste.

En arrivant près de l'église Notre-Dame des Champs :

« *Mère*, dit Madeleine, *veux-tu que nous entrions pour demander du courage à mon bon Jésus?...* »

Devant le Très Saint Sacrement, elle prie avec beaucoup de ferveur. A la sortie de l'église elle reste silencieuse ; mais à peine a-t-elle franchi le seuil du cabinet du dentiste :

« *Monsieur*, s'écrie-t-elle, *voulez-vous avoir la bonté de commencer par moi, car j'ai promis à mon bon Jésus et à la Sainte Vierge d'avoir du courage, et j'ai peur, si j'attends que vous arrangiez les dents de ma sœur, que mon courage ne s'en aille.* »

Aussitôt, elle prend place dans le grand fauteuil, et tandis que le chirurgien prépare ses instruments, notre Madeleine se met à réciter tout bas la prière à Marie, *Souvenez-vous*. L'opération faite, elle remercie avec effusion, et, tout heureuse, elle embrasse sa mère.

Cependant l'heure est venue où la Providence veut achever de purifier son enfant par *de plus pénibles combats*. Madeleine est atteinte de l'une des plus douloureuses maladies qui existent : *l'angine couenneuse*, dont l'un des caractères distinctifs est la formation dans la gorge de peaux épaisses qui rendent très difficiles, et parfois impossibles la respiration et le passage des aliments. Pour sauver la vie du malade, il faut détruire à tout prix ces affreuses peaux par de douloureuses incisions.

Le mal se déclare tout à coup dans Madeleine avec une extrême violence. Déjà elle ne peut plus rien prendre qu'avec une très grande difficulté. On lui présente un médicament fort désagréable, elle l'accepte sans hésiter ; mais voici que par malheur elle avale de travers. Cet accident lui fait éprouver une telle douleur, par suite du mauvais état de sa gorge, que, pour un moment, son courage faiblit. « *Oh, mère,* dit-« elle, *je ne veux plus rien boire !* » Mais sa mère connaît le moyen de la faire revenir sur sa résolution : elle lui propose de se mettre elle-même à genoux au pied de son petit lit pour demander à son bon Jésus que la potion passe bien. Dès ce moment, là pieuse enfant n'oppose plus la moindre résistance ; et jusqu'à son dernier soupir, la présence du médecin, ou de quelque personne que ce soit, ne l'empêchera pas de dire à sa mère avant de prendre chaque potion : « *Mère, prie* « *pendant que je vais boire !...* »

Ce n'est là cependant que le commencement des souffrances de la pauvre petite malade. Bientôt le docteur se voit obligé de venir plusieurs fois le jour et de réitérer les opérations. Les enfants d'ordinaire, en pareilles circonstances, n'accueillent qu'en pleurant celui qui vient les tourmenter pour les guérir. Madeleine au contraire lui fait, aussitôt qu'elle le voit, son sourire habituel ; et, dès qu'il le faut, elle présente sa pauvre gorge déjà déchirée. Mais elle a eu soin, auparavant, de demander des forces à son Jésus. Quelquefois il faut recommencer ; alors elle dit :

« Monsieur, voulez-vous me donner un petit « moment pour que je reprenne mon courage ? »

Elle joint ses petites mains en silence ; puis, après quelques instants, elle reprend la position que le docteur lui a indiquée... ; elle endure ainsi avec une admirable patience des opérations que les grandes personnes elles-mêmes ne savent souvent pas supporter.

Quelle est donc la *pensée* qui la fortifie ?... Elle va le dire elle-même. Au quatrième jour, sa mère lui trouvant la figure très altérée par la souffrance, lui demande si elle a bien mal. Alors Madeleine montre avec sa petite main sa gorge, puis son estomac ; et, les yeux pleins de larmes : *« Mère*, dit-elle, *je meurs de faim !... Mais mon « bon Jésus a bien plus souffert encore que moi, « et il ne s'est jamais plaint : je veux faire tous « mes efforts pour l'imiter...* » Depuis quatre jours, elle n'a pu prendre le moindre aliment :

la faim se joint à ses autres souffrances ; n'importe, elle ne se plaindra pas, elle veut ressembler à son Jésus...

Depuis le commencement de sa maladie, elle n'a pas perdu, un seul instant, la douce paix de son âme. Elle la conservera jusqu'à la fin. Pendant la nuit qui devait être la dernière, une heure avant le moment suprême, elle s'assied sur son lit : « *Petite mère*, dit-elle, *j'ai mal par-* « *tout, oh ! je suis bien malade ; je crois bien que* « *je vais mourir !...* » Sa petite tête retombe sur l'oreiller. Bientôt après, elle appelle sa mère avec difficulté, et, rassemblant ses faibles forces, elle lui passe ses petits bras autour du cou pour essayer de l'embrasser. « *Petite mère*, dit-elle avec « peine, *je t'aime bien,* » et elle appuie sur ce dernier mot. Elle retient toujours sa mère dans cette position ; mais ses lèvres ne peuvent déjà plus se desserrer pour donner un dernier baiser. Enfin, quelque temps après, sa tête s'incline... son âme est partie pour toujours ; Madeleine a quitté sa mère d'ici-bas pour aller dans les bras de Celle du ciel.

CHAPITRE VI

*Mon Dieu, vous savez comme je pense
à ma première communion !*

Nous venons d'avoir sous les yeux quelques-
uns des traits charmants dont fut remplie la vie
de Madeleine Mézière. Nous avons maintenant
quelque idée des effets merveilleux, produits par
la grâce de Dieu dans cette âme privilégiée... La
plupart des enfants qui liront ce récit éprouve-
ront sans doute un vif désir d'imiter cet aimable
petit modèle. Mais, pour rendre l'œuvre *plus facile*, il nous reste à parler des *principaux moyens*
qui obtinrent de si heureux résultats. Ils sont au
nombre de *quatre*, et nous allons les voir en
exercice dans les derniers chapitres de cette
notice. Ces moyens sont: *la pensée continuelle
de la première communion; l'amour filial envers*

la Très Sainte Vierge; la constante *fidélité au Petit Catéchisme* ; enfin, *un certain secret...* Ce dernier moyen n'est pas à la portée de tout le monde, comme on verra, mais seulement de ceux ou celles qui l'ont reçu du ciel en partage.

Jamais enfant n'a désiré d'une manière plus précoce et plus ardente le céleste bonheur d'une *première communion.* Madeleine n'a que *quatre* ans, et déjà ce grand jour est le terme de tous ses vœux. Un jour, sa mère la surprend à genoux devant sa statue du petit Jésus... Dès qu'elle entend la porte s'ouvrir, elle se relève :

« Que demandes-tu donc au bon Dieu ? » lui dit sa mère.

« *C'est,* répond Madeleine, *un secret pour ma*
« *première Communion.*

« — Mais, continue sa mère, tu n'as que
« *quatre* ans ; tu as encore bien des années à
« attendre ! »

A ces mots, ses petits yeux se remplissent de larmes ; et, embrassant sa mère, elle ajoute :

« *Mais, si j'étais bien malade pendant que*

« *je suis encore toute petite, est-ce qu'on ne me*
« *ferait pas faire ma première Communion*
« *avant de mourir?...*

« — Peut-être que si, ma chérie, surtout si tu
« es toujours bien sage.

« — *Oh ! alors,* s'écrie-t-elle vivement, *je vais*
« *demander à mon bon Jésus qu'il me fasse bien*
« *malade le plus tôt possible, pour être au plus vite*
« *au beau jour de ma première Communion.* »

Il n'est pas rare de rencontrer des enfants qui désirent vivement, longtemps à l'avance, cette douce époque de leur vie. Mais, si l'on examine avec attention l'objet de leurs aspirations, on découvrira souvent que l'éclat de la robe blanche, du voile ou du brassard à franges d'or, a sur ces jeunes regards une bien grande influence.

Pour Madeleine, il n'en est pas ainsi, Jésus seul attire son cœur... A peine âgée de *cinq* ans, elle nous révélera, sans qu'elle s'en doute, la pureté, en même temps que l'ardeur, de ses angéliques désirs.

Elle assiste avec sa mère à la Sainte Messe. Vient le moment de la Communion : madame

Mézière quitte sa place pour se rendre à la Table sainte. Dès qu'elle est de retour, Madeteine monte sur son prie-Dieu, étend ses petits bras et embrasse sa mère, en disant en même temps tout bas ces touchantes paroles :

« *C'est pour être un moment tout près du bon* « *Dieu!... En t'embrassant, mère, c'est comme si* « *on me permettait de baiser le saint ciboire.* »

Faut-il donc s'étonner que tel soit l'objet continuel des pensées de Madeleine, et pourrait-on douter de sa sincérité, lorsque ce soupir s'échappe de son âme :

« *Mon Dieu, vous savez comme je pense sou-* « *vent à ma première communion !... Je vou-* « *drais tant y être !...* »

Ces mots, que nous lisons à la fin d'une de ses *analyses*, trouvent leur développement dans cette *prière* d'une si aimable naïveté :

« *Mon cher petit Jésus, que je suis donc con-* « *tente qu'on nous ait parlé, dimanche, de la pre-* « *mière Communion ; il n'y a rien qui me fasse* « *plus de plaisir. Quand on en parle au Petit* « *Catéchisme, je voudrais que ça dure toujours,*

« tant j'aime ça! Quand donc ce sera le vrai jour
« pour de bon, mon Jésus? Je voudrais bien être
« plus grande pour être plus près de ce si beau
« jour de ma première Communion! Vous qui
« pouvez tout, mon bon Jésus, faites-moi vite
« grandir!... »

Voilà bien cette *communion spirituelle*, que les Saints ont si fidèlement pratiquée et recommandée avec tant d'instances, la *communion de désir* si agréable à Dieu et si précieuse pour les âmes! Il ne faut donc pas être surpris de voir une enfant, qui entretient en elle de telles dispositions, faire de rapides progrès dans la vertu, bien que privée, à cause de son âge, de l'adorable Eucharistie.

Cependant Madeleine vient d'avoir *neuf* ans. Le bon Dieu exauce la prière que nous lui avons vu faire à l'âge de *quatre* ans : le mal qui va l'emporter en quelques jours se déclare avec une extrême violence. Le confesseur de la chère petite malade est appelé en toute hâte, et voyant la gravité de son état, prononce le mot *première Communion.*

Dieu seul voit alors le cœur de son enfant; aux yeux des hommes, il ne paraît qu'un sourire du ciel qui illumine cet aimable visage tourmenté par la souffrance. — « *Est-ce possible!...* « *Quel bonheur!...* »

Hélas! il lui sera refusé!.. Jésus veut augmenter les mérites de sa petite victime. Aux âmes fortes les grandes épreuves! L'état de la gorge est tel, que le passage de la plus petite parcelle de la sainte Hostie est devenu impossible. Madeleine ne fera donc pas sa première Communion!... Elle insiste beaucoup :

« *Je ferai*, dit-elle, *tous mes efforts... Le bon* « *Dieu m'aidera... Il sait combien je le désire!...*»

On ne peut revenir sur la douloureuse décision... Alors la pauvre enfant se met à fondre en larmes :

« *La seule chose que je désire*, dit-elle en sanglotant, *mon plus grand bonheur, je ne puis* « *l'avoir!...* »

Quelques jours plus tard, Jésus si ardemment désiré vient enfin. Madeleine le voit, s'élance vers lui : elle est au ciel, et fait dans le paradis une première Communion, qui durera toujours!

CHAPITRE VII

*O Marie, ma bonne mère, je veux être
votre petite chérie.*

Au mois de mai de cette année, le Petit Catéchisme célébrait l'une de ses fêtes, celle de la
Sainte-Enfance de Marie. Ce fut la dernière à
laquelle Madeleine put prendre part. Elle récita
quelques mots, composés en l'honneur de la Très
Sainte Vierge, qui se terminaient ainsi : « La
« Sainte Vierge, mais c'est mon autre maman ! »

Ceux qui l'écoutaient ne se doutaient pas que,
quatre années auparavant, Madeleine disait
d'elle-même, en une touchante circonstance, une
semblable parole. Elle voyait passer un enterre-
ment, que suivaient en première ligne deux jeunes enfants, tout en larmes :

« *Pauvres petits, comme ils ont du chagrin,*

3.

« dit-elle alors à sa mère... *Ça ne peut être que*
« *leur petite mère qui est morte... Oh! moi, si*
« *le bon Dieu voulait me reprendre ma petite*
« *mère, je ne voudrais plus en avoir d'autre*
« *que la Sainte Vierge.* »

C'est un fait digne de remarque que la *dévotion filiale à l'égard de la Très Sainte Vierge est le
signe distinctif des âmes ferventes, et l'un des
moyens les plus puissants de sanctification.*
Aussi, pendant toute sa vie, peut-on voir Madeleine se regarder comme *l'enfant de Marie.* Dès
son baptême, elle est vouée à la Très Sainte
Vierge ; et lorsque à l'âge de *trois* ans on lui
retire ses vêtements bleus, c'est un bien gros
chagrin :

« *Je veux être toujours,* dit-elle en pleurant,
« *la petite fille de la Sainte Vierge!...* »

Devenue plus grande, elle ne sait comment
exprimer, dans les *prières* qu'elle met à la fin de
ses *analyses,* son amour ardent pour la Très
Sainte Vierge.

« *O Marie, ma bonne mère,* écrit-elle un jour,
« *je veux être votre petite chérie.* »

« *Notre-Dame de la Sainte-Enfance,* s'écrie-
« t-elle une autre fois, *je vous aime tant que,*
« *si c'était permis, je vous adorerais! Veillez*
« *toujours sur votre petite Madeleine...* »

Ce n'est cependant pas dans ces paroles pleines de tendresse que Madeleine fait consister
toute sa dévotion envers la Très Sainte Vierge.
Le bon Dieu, qui donne la sagesse aux petits
enfants fidèles, lui fait comprendre qu'une
véritable *enfant de Marie* doit joindre à l'*a-
mour* l'*imitation* et la *confiance.*

C'est ainsi qu'elle fait à la Très Sainte Vierg e
cette touchante promesse :

« *O ma bonne Mère, je veux être aussi obéis-*
« *sante envers ma petite mère que vous l'étiez*
« *envers la vôtre, l'heureuse sainte Anne. Et,*
« *pour y parvenir, je penserai à vous, toutes les*
« *fois que mère me dira de faire quelque chose.* »

Elle est fidèle à sa résolution, et les personnes
qui l'entourent s'en peuvent apercevoir à l'attention vraiment religieuse qu'elle apporte à toutes
ses actions, afin d'être toujours, comme elle aime
à le répéter, « *le plus sage possible* ».

Son *abandon filial* à la Très Sainte Vierge n'est pas moins remarquable. Les personnes qui la visitent pendant sa dernière maladie sont étonnées de voir son calme et sa tranquillité d'esprit. Elle sait très bien la gravité de son état; cependant aucune crainte ne paraît : elle jouit d'une paix complète... Ah! c'est qu'elle a mis toute sa *confiance* en Marie.

Chaque matin, elle boit de l'eau de la miraculeuse fontaine de *Notre-Dame de Lourdes ;* et, un jour, montrant la statue de la sainte Vierge au médecin, qui lui recommande de se guérir bien vite :

« *Bien sûr*, dit Madeleine, *c'est elle qui me* « *guérira, puisque je bois de son eau !* »

Hélas! la Providence en décide autrement... Cependant Marie ne trompe pas l'espérance de la pieuse enfant. Elle met le comble à ses vœux en lui donnant le ciel... Le ciel seul est digne de Madeleine...

CHAPITRE VIII

Je ferai tout ce que je pourrai pour ce cher Petit Catéchisme.

Madeleine n'a que *cinq* ans, et déjà elle fait partie du *Petit Catéchisme* de la paroisse Saint-Sulpice, qui est, avec la mère de cette enfant si merveilleusement prévenue des dons de Dieu, le principal moyen dont va se servir la Providence pour l'accomplissement de son œuvre. Les *instructions,* qu'elle entend à ces réunions sur la *divine doctrine* et sur l'*histoire sainte,* ornent son intelligence si ouverte aux choses de Dieu. Les *avis* qu'on y donne, sur les vertus ou les actions ordinaires d'une petite fille, font une telle impression sur cette aimable enfant, que toutes les personnes qui l'entourent reconnaissent, pendant la semaine, dans toutes ses actions, et jusque dans ses plus petites attentions, la trace des conseils du dimanche précédent.

Madeleine doit nécessairement aimer des séances où l'on ne parle que de son Jésus. Tel est, bien plutôt que les distractions de toute sorte qu'on y ménage pour intéresser de si jeunes enfants, le véritable motif de son attachement au Petit Catéchisme.

Elle ne sait comment exprimer le désir qu'elle a d'y être exacte.

« *Notre-Dame de la Sainte-Enfance,* lisons-« nous à la fin d'une de ses analyses, *priez pour* « *que je ne manque jamais mon cher Caté-* « *chisme !* » De fait, il faut toujours une raison grave pour l'empêcher d'y assister. Encore est-ce alors pour elle un très pénible sacrifice.

Mais elle ne se contente pas de venir aux réunions. Elle y apporte une *attention* et une *docilité* qui ne se démentiront pas un seul instant. Jamais ses Catéchistes ne l'ont vue parler à ses voisines, ou se dissiper. Que de fois, au contraire, pendant leurs *avis* et leurs *instructions,* ils ont ressenti dans leur cœur un zèle plus ardent, en considérant ce regard angélique, miroir si fidèle de la générosité de cette sainte enfant ! Ses petites compagnes se souviendront longtemps de sa tenue exemplaire. Elles aimeront à se la rappeler, faisant avec une piété particulière ses *signes de croix*, dont elle prononçait les paroles avec un tel accent de foi. Aussi, le seul espoir de la voir encore une année au Petit Catéchisme fut-il l'unique motif qui empêcha ses Catéchistes de lui donner la dignité d'*Intendante*.

Mais entre toutes les dispositions de Madeleine à l'égard de son cher Petit Catéchisme, la plus remarquable fut son *dévouement*. Elle écrivit un jour au bas de son petit travail :

« *Je prends la résolution de faire le plus que* « *je pourrai pour mon cher Petit Catéchisme ..*»

Telle fut bien sa règle de conduite, pendant les quatre années qu'elle y passa ; mais ce fut surtout l'avant-veille de sa mort que cette promesse reçut sa plus touchante réalisation.

Pendant le cours de la maladie, à chaque opération et à chaque mauvaise potion, Madeleine recevait de sa mère, en récompense, une petite pièce d'argent. Mais, quand la demande lui fut faite de l'emploi qu'elle voulait faire de cette petite somme :

« *Mère*, dit-elle, *il faut aller acheter des bou-*
« *gies et des fleurs pour mon cher Petit Caté-*
« *chisme, afin de faire une belle fête demain*
« *pour la distribution des prix de mes petites*
« *compagnes...* »

Ne voyons-nous pas là se manifester dans tout son éclat la piété et la charité dont était remplie l'âme de Madeleine?

CHAPITRE IX

C'est un secret pour ma première Communion.

On a observé, dans la vie de Madeleine Mézière, une disposition spéciale dont l'influence fut telle que nous ne pouvons la passer sous silence. Nous l'avons entendue répondre, dès l'âge de *quatre* ans, à sa mère qui lui demandait l'objet de l'une de ses prières :

« *C'est un secret pour ma première Commu-* « *nion...* »

Ce secret, *quel est-il?* Dieu seul le sait ; mais un fait bien certain, c'est qu'à mesure qu'elle avance en âge, elle voit grandir en son cœur le désir d'une certaine grâce, qui lui paraît de plus en plus précieuse.

« *Je voudrais tant y être à ma première Com-*

« *munion !* écrit-elle un jour. *C'est ce jour-là*
« *que je vous demanderai, mon Dieu, de toutes*
« *les forces de mon cœur, cette grande grâce*
« *que vous savez !...* »

Cette pensée semble ne la pas quitter. Elle croit
devoir ne pas la faire connaître. Mais un inci-
dent charmant la révélera malgré elle. Un **jour**
on lui essaie des vêtements nouveaux. On
s'efforce de les ajuster aussi bien que possible.

« *Mais,* dit Madeleine, *ne vous donnez donc*
« *pas tant de peine. Ils iront toujours assez*
« *bien...*

« — On dirait vraiment, mademoiselle, répond
« la couturière, que vous voulez vous faire *reli-*
« *gieuse,* tant votre toilette vous est indiffé-
« rente... »

La chère enfant, qui dans la crainte de mentir
ne sait dissimuler sa pensée, dit *oui,* sans
hésiter.

Dès ce moment, elle ne se cache plus : elle
rapporte tout, même ses jeux, à ce qu'elle
appelle sa *vocation.*

Elle reçoit d'une de ses parentes un **joli petit**

bracelet. Le jour même, elle le pose sur la tête de la statue de l'Enfant Jésus, en disant à sa mère :

« *Il fera mieux là qu'à mon bras. Il servira* « *de couronne à mon Sauveur. Je n'ai pas* « *besoin de bracelet puisque je veux être reli-* « *gieuse !* »

Peut-être ne voudra-t-on voir là qu'une idée d'enfant, à laquelle il ne faut attacher aucune importance. Mais un seul mot de Madeleine jettera beaucoup de lumière sur la nature de son désir :

« Pourquoi, lui demanda un jour sa mère, « veux-tu donc être *religieuse ?*

« — *C'est,* répond-elle, *que je veux absolu-* « *ment devenir une Sainte, ma petite mère ; et* « *c'est le plus sûr moyen que j'ai trouvé pour y* « *arriver...* »

On conçoit maintenant la puissante action que peut exercer, même sur une vie d'enfant, une disposition aussi surnaturelle. On le comprendra mieux encore, si l'on considère l'ardeur du désir de Madeleine, qu'elle exprime avec une si aimable naïveté dans la dernière lettre écrite à l'Enfant Jésus, au mois de janvier 1885 :

« Mon bon petit Jésus, je veux vous demander
« une grande grâce ; c'est, puisque je ne puis
« pas être prêtre quand je serai grande, que je
« sois au moins religieuse... »

Jésus n'a pas été sourd à sa prière. Mieux encore que les religieuses ne peuvent l'être ici-bas dans leur couvent, Madeleine est désormais *toute à lui pour toujours !*

CHAPITRE X

*Un jour, si comme moi vous avez été
fidèles, vous viendrez me rejoindre.*

Au mois de mars dernier, en la grande fête de
Saint *Joseph* et des *Saints Innocents*, au Petit
Catéchisme (1), Madeleine *Mézière* remplissait,
dans un *dialogue*, le rôle d'une enfant martyre.
A la fin, elle apparaissait après son triomphe,
vêtue de blanc, le front ceint d'une couronne, et
tenant à la main la palme de sa victoire. Elle dit
alors ces paroles, qu'il nous semble l'entendre
répéter en ce moment aux enfants attentives à
ces pages :

« *J'ai demandé à Dieu la permission de quitter*

1. On réunit ces deux fêtes, au Petit Catéchisme, dans une
grande solennité pour ne pas distraire, à *Noël*, la pensée des
enfants du mystère de Jésus dans sa crèche.

« *le ciel, pour venir quelques instants près de*
« *vous... Maintenant je retourne à Jésus... Un*
« *jour, si comme moi vous avez été fidèles, vous*
« *viendrez me rejoindre.* »

Ces paroles devaient recevoir bientôt leur réalisation ! Il n'y avait pas huit jours que Madeleine avait quitté cette terre : une de ses compagnes, Jeanne *Giacobbi*, la suivait.

Jeanne *Giacobbi* était née à Paris le 5 mai 1875. Dès ses plus jeunes années, elle donna les marques des qualités précoces de son intelligence et surtout d'une très aimable piété, comme aussi d'une aménité de caractère, qui la faisait aimer de tout le monde.

Admise dès l'âge de *sept* ans au Petit Catéchisme de Saint-Sulpice, elle se faisait une fête, chaque dimanche, comme *Madeleine Mézière*, d'y assister. Elle n'hésitait pas devant le sacrifice d'une promenade pour ne pas manquer ces chères réunions.

Enfin, elle mérita la dignité d'*Intendante* pendant le premier semestre de l'année 1884-1885.

Elle se montra vraiment digne de cette distinction, aussi bien par sa modestie qui lui faisait repousser avec une candeur charmante tous les éloges, que par ses autres vertus et surtout par sa *charité*.

Lorsqu'elle était en classe, elle ne pouvait entendre faire quelque reproche à l'une de ses compagnes :

« *Oh ! madame, ne punissez pas une telle,* « disait la douce enfant ; *c'est moi qui l'ai* « *dérangée : je suis la seule coupable.* »

Un jour, elle entendit son parrain, qui est prêtre, décrire les besoins des malheureux qui lui sont confiés. N'écoutant alors que sa générosité, Jeanne alla chercher sa petite bourse et la remettant tout entière dans les mains sacerdotales :

« *Je veux*, dit-elle, *soulager les malheureux,* « *je donne pour eux tout ce que j'ai ; et, chaque* « *mois, je donnerai vingt sous...* »

Le 15 juin 1885, cette pieuse et aimable enfant succombait après plusieurs semaines de fièvre. Peu de temps avant ses derniers moments, elle avait dit ces touchantes paroles :

« *Que la volonté de Dieu se fasse ! Je vais*
« *mourir, mais je prierai pour vous... Oh ! mère,*
« *ne murmurons pas : peut-être n'avons-nous*
« *pas accepté avec joie les peines que le bon Dieu*
« *nous envoyait. Il fallait une victime. Si Dieu*
« *t'avait prise, je t'aurais suivie. Il vaut mieux*
« *que ce soit moi... »*

Ainsi parlait avant de quitter cette terre la généreuse chrétienne bien digne déjà de suivre dans le paradis celle qui venait de l'y précéder.

Chères élues du bon Dieu, *Jeanne* et *Madeleine*, du haut du ciel où notre confiance aime à vous placer, oh ! priez pour tous les enfants de votre âge ; priez pour ce *Petit Catéchisme* que vous avez tant aimé, afin que vous y ayez toujours de nombreuses imitatrices, comme vous l'avez été vous-mêmes de Jésus et de Marie !

21 novembre et 25 décembre 1885.

Imp. de la Soc. de Typ. - Noizette, 8, r. Campagne-Première. Paris.